AF562157

0
1121

PANÉGYRIQUE

DE

SAINTE THÉRÈSE

PRONONCÉ

DANS LA CHAPELLE DES CARMÉLITES DE LOURDES

Le 15 octobre 1893

Par l'abbé Louis DANTIN

VICAIRE A SAINT-JEAN DE TARBES. — DOCTEUR EN THÉOLOGIE

Se vend au profit des Carmélites de Tarbes

Prix : 1 fr.

TARBES

IMPRIMERIE DE CLÉMENT LARRIEU

41, rue des Grands-Fossés, 41

1893

PANÉGYRIQUE

DE SAINTE THÉRÈSE

PANÉGYRIQUE

DE

SAINTE THÉRÈSE

PRONONCÉ

DANS LA CHAPELLE DES CARMÉLITES DE LOURDES

Le 15 octobre 1893

Par l'abbé Louis DANTIN

VICAIRE A SAINT-JEAN DE TARBES. — DOCTEUR EN THÉOLOGIE

Se vend au profit des Carmélites de Tarbes

Prix : 1 fr.

TARBES
IMPRIMERIE DE CLÉMENT LARRIEU
41, rue des Grands-Fossés, 41

1893

Tout le monde connaît la situation des Carmélites de Tarbes.

Nous voudrions, par la mise en vente de cette modeste brochure, tendre la main pour elles et intéresser à leur sort tous ceux qui ont au cœur le culte de sainte Thérèse et l'amour de son glorieux Institut.

PANÉGYRIQUE

DE SAINTE THÉRÈSE

> *Quos præscivit, et prædestinavit conformes fieri imaginis Filii, sui ut sit ipse primogenitus in multis fratribus.*
>
> Ceux qu'il a connus dans sa prescience, Dieu les a aussi prédestinés pour être conformes à l'image de son Fils, afin qu'il fût l'aîné entre plusieurs frères.
>
> (Rom. VIII, 29.)

MES RÉVÉRENDES MÈRES, MES FRÈRES,

Dieu le Père se connaît et, par cet acte de son intelligence infinie, il engendre son Fils comme sa substantielle image. Combien il aime cette image où se concentrent tous les rayons de sa lumière, tous les trésors de sa sagesse et tous les secrets de sa vie, et combien il en est aimé, c'est un mystère impénétrable mais dont le terme nous est connu, le Saint-Esprit, troisième personne de la très-sainte Trinité, procédant du Père et du Fils comme un vrai baiser, commun, dit saint Bernard, à celui qui le fait et à celui qui le reçoit. Et tel est en effet le Saint-Esprit : il est la paix, le lien, le nœud du Père et du Fils, leur trait d'union et leur indivisible amour (1).

« Le père du juste, dit l'Ecriture, tressaille de joie ; celui qui a donné la vie à un enfant sage mettra en lui son orgueil (2). » Cette joie, mes frères, si touchante et si rare, Dieu la possède en lui-même dans toute sa plénitude, et elle suffit à son bonheur. Et si, du foyer intime de sa vie, il agit au dehors et porte ses regards sur ses créatures, celles-là seules touchent son cœur et gagnent son amour en qui il retrouve quelque reflet de l'auguste image qui au dedans le ravit et l'enchante, l'image vivante de son Fils.

Cette adorable image, Dieu, dans un jour de miséricorde, l'incarna pour la rendre visible; et, l'offrant en exemplaire aux hommes qu'il voulait sauver, il leur dit : Voilà le modèle, le seul que j'agrée : à vous, mes élus, de l'imiter et de le faire revivre..... Et le Modèle lui-même s'animant sous nos yeux : « Je suis, nous dit-il, la voie, la vérité et la vie (3). Celui qui me suit ne marche point dans les ténèbres (4). Je vous ai

(1) S. Bernard, in Cant.
(2) Prov. x, 1 ; xxiii, 24.
(3) Joan. xiv, 6.
(4) *Ibid.* viii, 12.

donné l'exemple afin que vous le suiviez (1). Si vous écoutez ma parole et si vous marchez sur mes traces, vous entrerez par une adoption mystérieuse dans la famille de mon Père, et vous formerez à son Fils premier-né, objet de ses complaisances éternelles, une joyeuse couronne de frères : » *Ut sit ipse primogenitus in multis fratribus.*

Grâce d'adoption qui nous élève par une très glorieuse génération à la vie divine, et grâce d'éducation qui complète ce mystique enfantement et qui forme en nous Jésus-Christ (2) : toute la sainteté est là. Le chrétien, le saint surtout, n'est que le portrait fidèle de Jésus-Christ : *Christianus, alter Christus.* Le saint dépouille chaque jour, sous l'action purificatrice de la grâce, le manteau de corruption qui le couvre et il se revêt de Jésus-Christ (3). Et Dieu le Père alors s'inclinant vers lui reconnaît son fils et il dit comme le vieux patriarche : « Voilà bien l'odeur de mon fils pareille au parfum d'un champ plein de fruits qu'a béni le Seigneur (4). »

S'il en est ainsi, mes frères, et si la sainteté consiste à imiter Jésus-Christ, exemplaire de

(1) Joan. XIII, 15.

(2) *Filioli mei, quos iterum parturio, donec formetur Christus in vobis.* Galat., IV, 19.

(3) Rom. XIII, 14.

(4) *Ecce odor filii mei sicut odor agri pleni cui benedixit Dominus.* Gen, XXVII, 27.

notre perfection et règle pratique de notre vie, ayant à louer devant vous sainte Thérèse, je me contenterai de comparer la copie au modèle, et de mesurer la sainteté de l'auguste réformatrice du Carmel à sa ressemblance admirable avec Jésus-Christ. Et à ceux qui, s'étonnant du culte rendu par les amis du Carmel et par l'Eglise tout entière à cette séraphique Mère, nous demanderaient comme le Psalmiste : « Ce juste enfin qu'a-t-il fait (1)? » Cette vierge, dont l'existence s'écoula dans l'obscurité des cloîtres et dans les exercices d'une vie toute mystique, qu'a-t-elle fait pour mériter d'être égalée dans l'admiration des peuples aux femmes fortes qui ont glorifié Jérusalem, réjoui Israël dans ses tristesses et honoré l'Eglise dans ses revers (2)? Nous répondrions : Elle a imité Jésus-Christ ; elle a supérieurement reproduit dans sa vie à la fois très pure et très pénitente ce très saint et très douloureux modèle. Elle l'a reproduit parce que, docile à la grâce, elle l'a étudié avec la plus rare constance et le plus tendre amour. Et c'est de sa parfaite conformité avec Jésus-Christ, que découlent la grandeur de ses œuvres et la fécondité de sa vie. Sainteté de Thérèse, raison et fruit de cette sainteté, trois pensées qui feront le sujet et le partage de ce discours.

(1) Psal. x, 4.
(2) Judith. xv, 10.

I

« Ce qui plaît à mon Père, disait le Sauveur, je l'accomplis sans cesse (1). » Pas un vœu de son cœur, en effet, pas une parole de ses lèvres, pas un acte de sa vie qui ne tende au bon plaisir de son Père et à la fin de sa mission divine. Le pauvre cœur humain est bien au dessous d'une semblable perfection : ouvert au monde, il en respire l'atmosphère, il en épouse les affections, il en recherche les joies, et il en moissonne les douleurs.

Sainte Thérèse, par un précieux privilège, conserva sans jamais la ternir l'innocence de son baptême, mais son cœur fut d'abord partagé. Dans son enfance, elle aima les vaines parures, les livres frivoles, les épanchements inutiles. A dix-huit ans, elle entre au monastère de l'Incarnation d'Avila. Cédant encore au charme de relations trop faciles et à un piège bientôt déjoué de l'esprit de ténèbres, elle abandonne l'oraison. Elle la reprend après une courte interruption, sous l'impression bienfaisante que lui causent les derniers avis et la très sainte mort de son père,

(1) Joan. VIII, 29.

mais sans s'éloigner absolument des occasions qui arrêtaient, nous dit-elle, « le plein essor de son âme (1). » Un regard sévère de Notre-Seigneur, comme autrefois pour l'apôtre infidèle, la vue d'une touchante image de *l'Ecce Homo*, et la lecture des *Confessions* de saint Augustin, achevèrent le triomphe de la grâce et la gagnèrent tout entière et pour toujours à Dieu. « Seigneur, s'écrie-t-elle, vous vous êtes vengé de moi et vous avez puni mes trahisons par un excès d'amour. O mon Maître bien-aimé, recevez mes tristes larmes et rendez limpide cette eau encore trouble mais que vous-même faites couler pour me purifier. Merci, mon Dieu, d'avoir enfin rompu mes chaînes ; le piège est brisé et ma liberté reconquise. Pour ce bienfait, Seigneur, je vous offrirai un sacrifice de louanges qui ne finira plus (2). »

A dater de ce jour, Thérèse, libre de toute affection terrestre, se dévoue sans réserve à l'œuvre de sa sanctification et elle s'élève sur les cimes du Carmel au plus absolu détachement et au plus pur amour. Parvenue à ce nouveau Thabor, elle y fixe sa tente et elle s'engage par un vœu héroïque à faire en toutes choses ce qu'elle croira être le plus parfait, le plus agréable

(1) *Vie*, chap. 7.

(2) *Dirupisti vincula mea ; tibi sacrificabo hostiam laudis.* Psal. cxv, 17.

à Dieu. « Quel vœu ! » s'écrie avec admiration un de ses historiens, « tout ce que Dieu commande, tout ce que les lois monastiques prescrivent, ce que dicte la raison, ce qu'exige la justice, ce que demande la charité, ce qu'ordonnent la tempérance, la force, la patience, la douceur, l'humilité et toutes les autres vertus, et non seulement ce qu'elles ordonnent dans une mesure ordinaire, mais en portant leurs exigences à la plus haute perfection : voilà ce que Thérèse par son vœu sublime promettait à Dieu. »

Et sa grande âme, loin de sentir le poids d'une chaîne si étroite et si lourde, se reposera dans la douce assurance qu'à l'exemple du Christ son maître et son modèle, elle fait à toute heure le bon plaisir de son Père : *Quæ placita sunt ei facio semper*. Rien désormais, ni la mort avec ses terreurs, ni la vie avec ses sourires, ni l'enfer avec ses embûches, ne pourront la distraire de la charité de Jésus-Christ (1). Le navire, un moment incertain de sa route, était orienté, il gagnait le large et il voguait à pleines voiles vers les clairs rivages du Paradis. Le Paradis ! Dieu l'ouvrait par avance à sa fidèle servante : « sa demeure comme celle de l'Apôtre était au Ciel et sa société avec les Anges (2). »

(1) Rom, VIII, 38, 39.

(2) *Nostra autem conversatio in cœlis est*. Philip. III, 20.

Le Calvaire n'est pas loin du Thabor. Autour du Sauveur transfiguré dans la gloire, Moïse et Elie s'entretiennent de ses prochaines et indicibles douleurs (1). Et Jésus lui-même s'exalte à la pensée de la Pâque sanglante qu'il va nous offrir (2).

Nous touchons ici, mes frères, à un mystère que la théologie catholique n'a jamais pu éclaircir. L'homme dans sa vie fugitive, dans son rapide passage en ce monde, n'est, d'après le langage de l'Ecole, qu'un pauvre voyageur, *viator*, harassé de fatigue, et dont le regard cherche mélancoliquement le terme où il se hâte, la patrie de l'avenir (3). Qu'il souffre dans son exil, qu'il peine dans son rude voyage, c'est une loi de la Providence et une nécessité de sa condition.

Mais que Jésus-Christ, qui, d'un bond de géant, fournit sa carrière (4), ait ressenti comme nous le poids du jour et de la chaleur et les fatigues de la route, qu'il ait pu allier dans sa personne deux qualités qui paraissent s'exclure, deux vies qui ne s'étaient jamais rencontrées ensemble, celle du contemplateur déjà ravi dans la gloire et celle du voyageur s'acheminant

(1) Luc. IX, 31.
(2) *Ibid.* XXII, 15.
(3) *Futuram inquirimus.* Hebr. XIII, 14.
(4) Psal. XVIII, 6.

péniblement vers l'éternité, c'est ce qu'il nous est impossible de concevoir. Dès le premier instant de sa vie terrestre, Jésus-Christ jouit à la façon des bienheureux de la vision intuitive (1) : il contemple Dieu, il s'abreuve à sa lumière et il s'enivre de sa gloire ; et en même temps son âme est triste jusqu'à la mort (2), son cœur troublé, sa chair frémissante, son corps en proie à de sanglantes douleurs.

Divin voyageur, ainsi fatigué au bord du chemin que vous parcourez pour nous, vous blessez notre cœur de compassion et d'amour ; reposez-vous un moment et expliquez-nous ce mystère : celui qui voit Dieu face à face, comment peut-il tant souffrir ? Et pourquoi dans votre personne adorable avez-vous si douloureusement assemblé ces contraires et associé ces deux vies ?

Il n'est pas utile, mes frères, d'approfondir ce mystère. Mais ce qu'il nous faut admirer c'est ce second trait de ressemblance de la séraphique Thérèse avec Jésus-Christ. Comme son modèle, elle unit en quelque sorte aux douceurs de la vision les fatigues du voyage, aux joies de la patrie les angoisses de l'exil. Elle jouit, en effet, à un degré inouï dans une créature, des char-

(1) S. Thom. Summ., III p., quœst. 9, a. 2.
(2) Matth. XXVI, 38.

mes infinis de la présence divine, elle est inondée de consolations et accablée de grâces, elle reçoit de Notre-Seigneur le titre d'épouse et elle en ressent tout l'amour. Mais, à mesure que Dieu l'admet à une intimité plus grande et la favorise de plus merveilleuses communications, elle aussi aspire plus ardemment à souffrir. Epouse de Jésus-Christ, elle veut boire à son calice et s'identifier à lui dans une passion commune : *Duo in passione una* (1).

L'épouse de Jésus-Christ, dit saint Jérôme, est pareille à l'Arche du divin Testament, brillant au dedans et au dehors de l'or le plus pur. Mais dans l'Arche qui contenait les tables de l'antique alliance, à côté de la manne, souvenir des tendresses divines, douce figure d'un bienfait plus grand, reposait, entourée d'une égale vénération, la verge d'Aaron, emblème du châtiment, symbole de la douleur.

Thérèse est éminemment l'épouse du Christ. Aussi la manne et la verge se touchent-elles partout dans sa vie. Après les saveurs de la manne, elle éprouve les aspérités de la verge dans les souffrances qu'elle endure, dans les défiances qu'elle inspire, dans les attaques dont on la poursuit. Heureuse de souffrir, elle poétise ses douleurs, elle chante son martyre et elle

(1) S. Aug. ap. Tert. prœd.

tremble de le voir finir. *Aut pati, aut mori.* La souffrance, dit-elle, ou, à son défaut, la mort ! Elle sait en effet qu'on ne trouve Jésus-Christ « qu'en ces deux lieux : dans sa gloire ou dans ses supplices, sur son trône ou bien sur sa croix. Il faut donc, pour être avec lui, ou bien l'embrasser dans son trône, et c'est ce que nous donne la mort, ou bien nous unir à sa croix, et c'est ce que nous avons par les souffrances ; tellement qu'il faut souffrir ou mourir, afin de ne quitter jamais le Sauveur. Et quand Thérèse fait cette prière : que je souffre, ou bien que je meure, c'est de même que si elle eût dit : A quelque prix que ce soit, je veux être avec Jésus-Christ. S'il ne m'est pas encore permis de l'accompagner dans sa gloire, je le suivrai du moins parmi ses souffrances, afin que n'ayant pas le bonheur de le contempler assis dans son trône, j'aie du moins la consolation de l'embrasser pendu à sa croix (1). »

Troisième trait de ressemblance de Thérèse avec son modèle : le zèle des âmes. « Je suis venu apporter sur la terre le feu de la charité, dit le Sauveur, et que désiré-je sinon de le voir partout s'allumer (2)? » Par ce souhait sorti brû-

(1) Bossuet, *Panégyrique de sainte Thérèse.*
(2) Luc. XII, 49.

lant de son cœur, Jésus affirme son ardent amour pour les âmes, qu'il a rachetées à un si grand prix, et son vif désir de les sauver. La moisson abonde, mais où sont les ouvriers appelés à la recueillir (1)? Le feu brûle dans son foyer solitaire, mais où sont les apôtres destinés à le propager? C'est le divin tourment du Cœur de Jésus. Quelquefois cependant ses vues sont bien comprises et généreusement secondées.

Le prophète Elie habita le Carmel et avec son manteau il légua son esprit à Elisée et à toute une postérité de disciples. Thérèse, mes frères, est de la famille d'Elie. Et au vœu du Cœur de Jésus elle répond par ces paroles du prophète qui seront sa devise et celle de son Ordre : « Je brûle de zèle pour le Seigneur, le Dieu des armées (2). » Humble femme, elle devient apôtre; elle étend au loin le règne de l'Evangile, elle gagne des âmes à Jésus-Christ. « O mes sœurs, dit-elle à ses compagnes, aidez-moi donc à prier pour tant d'âmes qui se perdent. C'est dans ce but que Notre-Seigneur nous a réunies; c'est à cette fin que doivent tendre tous vos désirs, toutes vos larmes, toutes vos demandes; c'est là l'objet de votre vocation.... La chrétienté est en

(1) Matth, IX, 37.

(2) *Zelo zelatus sum pro Domino Deo exercituum.* III Reg. XIX, 14.

feu : on voudrait condamner de nouveau le Sauveur ; on essaie de détruire son Eglise. Ah ! puisque le divin Maître a si peu d'amis, que ceux-ci du moins soient à toute épreuve et le servent sans faiblir (1). »

Son zèle est universel comme celui du Sauveur. Mais il se porte avec une compassion particulièrement touchante sur la France dont notre Sainte pressent les égarements et pleure les malheurs : « Ayant appris, écrit-elle, les coups portés à la foi catholique en France, les ravages que ces malheureux luthériens y avaient déjà faits, et les rapides accroissements que prenait de jour en jour cette secte désastreuse, j'en eus l'âme navrée de douleur. Dès ce moment, comme si j'eusse pu, ou que j'eusse été quelque chose, je répandais des larmes aux pieds de Notre-Seigneur, et je le suppliais de porter remède à un si grand mal. J'aurais donné volontiers mille vies pour sauver une seule de ces âmes que je voyais se perdre en si grand nombre dans ce royaume. Mais, hélas ! étant femme, et encore bien pauvre de vertu, je me voyais dans l'impossibilité de servir en rien la cause de mon divin Maître ; je résolus alors de faire le peu qui dépendait de moi, c'est-à-dire de suivre les conseils évangéliques avec toute la perfection dont je serais capable, et de porter ce

(1) *Chemin de la Perfection*, chap. 1.

petit nombre de religieuses réunies à Saint-Joseph à embrasser le même genre de vie. »

Vous l'avez entendu, mes frères ce sont les prévarications de nos pères, dont le flot, hélas! grossi de nos trahisons devait montrer encore, ce sont nos prévarications nationales qui décident Thérèse à s'immoler sans réserve, à faire, du sacrifice commencé, un sacrifice absolu, un ardent holocauste.

A celles de ses sœurs qui auraient pu lui reprocher de s'oublier elle-même et de s'exposer aux rigueurs de la justice divine en sacrifiant le fruit de ses pénitences au bien des âmes qu'elle avait à cœur de sauver, elle répondait : » Et que m'importe à moi de rester jusqu'au jour du jugement en purgatoire, si par mes prières je sauve une seule âme, ou si je procure à mon Dieu, par l'avancement spirituel de plusieurs, une plus grande gloire? Méprisez, mes sœurs, des peines qui auront leur fin, dès qu'il s'agit de rendre quelque service à celui qui a tant souffert pour nous. »

Et ne craignez pas, mes frères, que ce zèle entraîne Thérèse à des mesures excessives ou à d'imprudentes rigueurs. Elle a reçu en partage le zèle d'Elie, mais elle le tempère par l'humilité, la patience et la charité de Jésus-Christ. Ce n'est pas en vain que le Saint-Esprit, sous la forme d'une colombe, se repose sur sa tête comme sur celle du Sauveur. Aux calomnies dirigées contre elle, aux injures gratuites dont on l'abreuve, aux obstacles qu'on lui suscite, aux blessures qu'on fait à son cœur, elle oppose un calme royal et une angélique douceur : « Tout devient facile, dit-elle, à qui aime Dieu. Ayons seulement le zèle de sa gloire : sa cause triomphera. »

II

Nous avons esquissé à grands traits la figure de sainte Thérèse, en regard de celle de Jésus-Christ. Et déjà nous sommes édifiés sur la sainteté d'une âme si parfaitement conforme à son auguste modèle.

Cette conformité résulte avant tout du libre choix que fit Dieu de Thérèse pour remettre en lumière l'image obscurcie de son Fils : *Quos præscivit et prædestinavit conformes fieri imaginis Filii.*

Quand le Christ semble pâlir et que ses exemples trop lointains ou trop parfaits peut-être cessent d'agir sur les hommes, Dieu se plaît à renouveler d'une certaine façon l'incarnation de son Verbe.

On l'aurait cru mort ce Christ bien-aimé, et soudain on le voit, sous le visage des saints, revivre en quelque sorte sa vie temporelle, passer en faisant le bien, guérir les malades, toucher les pécheurs, évangéliser les pauvres, susciter des apôtres, rallumer le foyer attiédi de la charité et reproduire aux yeux du monde déshabitué de ces spectacles les sombres visions du Calvaire, les sublimes folies de la Croix.

Tel fut au seizième siècle le rôle providentiel de notre Sainte. A cette heure où sur tant de fronts découronnés par l'apostasie et flétris par l'anathème l'infernal ennemi avait empreint sa trace, Thérèse de Jésus comme un limpide miroir reflétait en sa virginale figure l'image auguste du Christ. Et Dieu, par des grâces multipliées, à la fois consolantes et terribles, accentuait la ressemblance et glorifiait son Fils.

Thérèse de son côté correspondait admirablement aux desseins du Très-Haut et elle tenait sans cesse ses yeux fixés sur le divin modèle offert à son amour et proposé à son imitation.

L'Ange de l'Ecole demandait un jour à saint Bonaventure, son émule en science comme en vertu, dans quel livre merveilleux il avait puisé ses connaissances et approfondi sa doctrine. Pour toute réponse, le *Docteur séraphique* montra silencieusement son crucifix : c'était son maître-livre. Thérèse n'en connut pas d'autre ; mais avec quelle ardeur et avec quelle persévérance elle l'étudia !

« Je te donnerai un livre vivant, » lui avait dit un jour le Sauveur. Et il voulait parler du livre d'or de son humanité, de cette chair trois fois sainte sur laquelle le Verbe éternel s'était peint, et ses divins attributs, comme sur un fragile parchemin. Bible émouvante, douloureuse théologie, évangile ineffable! Et Thérèse cependant avide de perfection hésitait à le lire.

Egarée par de faux mystiques, elle crut un moment qu'elle devait s'abîmer dans une contemplation purement spirituelle et s'interdire comme un obstacle toute image, toute vision corporelle « sans en excepter même l'humanité de Jésus-Christ. » C'était fermer les yeux aux plus touchants mystères et aux plus sanctifiantes représentations. Et Dieu, certes, ne nous demande pas cela. Il désire que l'œil de notre âme se repose avec complaisance sur son essence immatérielle, joie et ravissement des anges, mais il veut aussi offrir à l'œil du corps le même objet de contemplation sous une forme sensible, sous celle de l'humanité. Et il rassasie de la sorte notre corps et notre âme du même aliment qu'il a seulement la condescendance d'apprêter au goût de l'un et de l'autre. Résolu à nous instruire, le Verbe éternel nous est apparu « plein de grâce (1), » autant que de vérité, comme pour tempérer par l'aménité du maître la rigueur de sa doctrine et l'austérité de ses enseignements (2).

(1) Joan, I, 14.

(2) *Apparuit gratia Dei Salvatoris nostri omnibus hominibus, erudiens nos.* Tit. II, 11, 12. — *Benignitas et humanitas apparuit Salvatoris nostri Dei.* — *Ibid.* III, 4.

Mieux dirigée, Thérèse comprit son illusion et elle ne cessa jamais de la déplorer. Elle reprit le livre et elle fit de la contemplation assidue de la sainte humanité du Sauveur l'aliment le plus goûté de son âme, l'infrangible ressort de sa vie. Elle se représentait l'Homme-Dieu infirme et délaissé, battu de verges, couronné d'épines, ruisselant de sang, épuisé de forces, agonisant de tristesse et mourant de douleur : « J'eusse toujours voulu, dit-elle, avoir devant les yeux son portrait et son image pour les graver plus profondément dans mon cœur. » Et elle ajoutait : « Nous ne sommes pas des anges, nous avons un corps : il faut un appui à notre faiblesse; notre cœur a besoin d'un ami, et quel bon ami que Jésus-Christ ! »

A force de faire du Verbe incarné l'objet de ses contemplations et le confident de son âme, Thérèse s'élevait en sainteté ; à force de le fréquenter, elle lui devenait semblable et elle lui en renvoyait tout l'honneur : « Bénédiction et louange sans fin, s'écriait-elle dans un élan d'ardente action de grâces, à ce Livre vivant qui s'imprime dans l'âme et qu'on ne peut oublier. Et comment voir ce doux Sauveur blessé et méconnu sans ressentir ses souffrances, sans avoir soif de partager ses douleurs ? »

En Jésus-Christ, notre Sainte considérait surtout la victime et le martyr. Un jour, pour sa consolation, elle entrevit le triomphateur. Le Christ lui apparut radieux comme au matin de Pâques, « avec une beauté et une majesté ineffables » que Thérèse, ravie, excelle à décrire : « Quand il n'y aurait dans le ciel, dit-elle, pour charmer la vue, que la grande beauté des corps glorieux, et celle surtout de l'humanité sainte de Jésus-Christ, le plaisir serait indicible..... C'est un éclat qui n'éblouit point ; c'est une blancheur ineffablement pure ; c'est une splendeur infuse qui réjouit la vue, sans ombre de fatigue ; c'est une clarté qui rend l'âme capable de voir cette beauté si divine ; c'est une lumière infiniment différente de celle d'ici-bas, et auprès de ses rayons, ceux du soleil perdent tellement leur lustre, qu'on voudrait ne les plus voir. » L'âme de notre Sainte, au sortir de ces visions, ressentait « une douce ivresse », et l'amour de Dieu achevait, nous dit-elle, d'embraser son cœur.

Cette dévotion à l'adorable humanité de Notre-Seigneur est un des traits les plus caractéristiques de la doctrine spirituelle de sainte Thérèse (1). Et vraiment, mes frères, je ne m'en étonne pas : car après le péché, que ferions-nous en ce monde sans Jésus ? Et sur qui jetterions-nous les yeux pour nous donner du

(1) *Vie*, chap. 22, 26 et 28.

courage, pour brider nos passions et pour relever notre vie ?

Avec le grand apôtre, Thérèse estime que la source de toute perfection et le foyer de toute sainteté, c'est Jésus et principalement Jésus crucifié (1). A cette source elle applique incessamment son âme ; à ce foyer elle réchauffe son cœur, elle centuple ses forces, et elle se prépare ainsi à servir efficacement l'Eglise et à réaliser la grande œuvre à laquelle son nom demeurera éternellement attaché : la réforme du Carmel.

(1) I Cor. II, 2.

III

« L'homme bon, dit l'Évangile, tire le bien du bon trésor de son cœur (1). » Du noble cœur de Thérèse transpercé par le dard du séraphin, comme l'Eglise du côté ouvert du Sauveur, le Carmel réformé sortit avec une vigueur rajeunie.

Luther pourtant s'était levé, et ses dignes fils, le blasphème aux lèvres et l'apostasie au cœur, guerroyaient contre les moines et faisaient rage contre les vœux. Contraste admirable : le mur de la vie religieuse est renversé, les clôtures sont brisées, le trésor est découvert ; mais, ne craignez pas, mes frères, il ne sera pas dérobé : *Paries effoditur et thesaurus non aufertur* (2). Dieu le garde pour l'honneur de l'Eglise, et il le remet en pleine tourmente aux vaillantes mains de Thérèse qui sauront le faire fructifier.

Sous sa séraphique impulsion, l'Ordre béni de Notre-Dame, ramené à ses traditions primitives,

(1) *Bonus homo de bono thesauro cordis sui profert bonum.* Matth. XII, 35.

(2) S. Chrysost.

voit ses monastères refleurir et des légions nouvelles de vierges en rechercher les rigueurs. A une pureté parfaite, Thérèse allie une merveilleuse fécondité : elle devient la mère spirituelle d'une postérité magnifique qu'elle pénètre de son esprit, qu'elle nourrit de sa doctrine, qu'elle marque de son empreinte et qu'elle revêt de ses vertus. Et elle a le droit, comme saint Paul aux Corinthiens, de redire à ses filles : « Vous avez de nombreux maîtres en Jésus-Christ, des docteurs choisis avec soin par l'Eglise, et vous leur devez tout respect ; mais vous n'avez qu'une mère et c'est moi-même : je vous ai fait renaître à la vie religieuse et je vous ai, non sans douleur, enfantées en Jésus-Christ. Or les enfants, vous le savez, doivent imiter leur mère ; imitez moi donc, je vous en conjure, comme j'ai imité Jésus-Christ (1). » Cette parole a trouvé de l'écho, au point qu'un de ses contemporains a pu dire : « Voir ses filles, c'est la voir elle-même (2). »

Ainsi fondé sur la sainteté de Thérèse, sur sa glorieuse ressemblance avec Notre-Seigneur, le Carmel, mystique jardin de l'Epoux, renouvelle ses plants, garde sa vigueur et déploie au loin ses rameaux. Après plus de trois siècles, il continue d'offrir au divin Voyageur l'ombre de ses

(1) 1 Cor, IV, 15, 16.

(2) Frère Louis de Léon.

monastères, au Christ désolé le *Paradis de délices* qu'ailleurs, hélas! il ne trouverait plus. « Dieu, écrit naïvement un pieux ami du Carmel, voulait avoir une maison pour sa récréation, une demeure pour sa consolation ; il voulait avoir un jardin de fleurs, non pas de celles qui poussent sur la terre, mais de celles qui s'épanouissent dans le ciel. Et quel roi en ce monde, si pauvre qu'il soit, n'a pas une maison d'agrément où il réunit mille curiosités. Et quand il est fatigué et mécontent, il va s'y reposer et s'y défâcher. Le Seigneur, il est vrai, en sa nature divine, ne connaît ni la fatigue, ni la colère ; mais après tout, il a voulu se ménager, lui aussi, cette petite retraite pour s'y abriter, cette maisonnette pour y demeurer, ce jardin de fleurs pour s'y récréer, ces âmes choisies pour se reposer près d'elles, leur découvrir ses secrets et dilater son cœur (1). »

Voilà, mes révérendes mères, votre vocation, et voilà l'œuvre de sainte Thérèse : l'œuvre tient lieu de panégyrique et elle rend pâles tous les éloges. Le Carmel est un vrai Paradis de délices, pour Notre-Seigneur d'abord, et ensuite pour vous. De plus en plus parmi nos tristesses il sera vrai de dire que vous avez choisi la meilleure part, et cette part au moins ne vous sera pas enlevée.

(1) Julien d'Avila.

Vous connaissez l'aimable surprise que votre séraphique Mère procura aux religieuses de l'Incarnation d'Avila le jour où elle rentra parmi elles en qualité de prieure : à la stalle d'honneur où elles s'attendaient à la voir, les sœurs aperçurent une belle statue de Notre-Dame; dans ses mains les clefs du monastère, et Thérèse à ses pieds, bien humble et bien petite, présentant la Vierge Marie pour Prieure à ses filles ravies de tant de délicatesse et vaincues par tant de douceur.

La glorieuse Reine du Carmel agréa elle-même ce touchant hommage et, apparaissant peu de temps après à sa bien-aimée Thérèse, elle lui dit : « Tu as bien fait, ma fille, de me mettre à cette place; je serai présente aux louanges que les religieuses de ce monastère chanteront en l'honneur de mon Fils, et je les lui offrirai (1). »

Il me semble, mes révérendes mères, qu'entre le monastère de l'Incarnation d'Avila ainsi dédié à Marie et votre Carmel de Lourdes, un certain rapprochement s'impose. Vous aussi vous avez eu Notre-Dame pour fondatrice : sans elle, en effet, sans ses apparitions, dont l'une, celle du 16 juillet, fête principale de votre Ordre, présageait votre arrivée et fixait ici votre place, ces

(1) *Vie (Additions).*

rives du Gave, aujourd'hui vibrantes des saints cantiques, seraient demeurées à jamais silencieuses ; et vous avez encore la Vierge immaculée pour Prieure, une Prieure à vie, chaque jour plus aimée. Du rocher béni qui lui sert de cellule et de chaire, ses yeux se reposent sur le chœur agrandi de votre admirable monastère : elle vous parle, elle vous instruit, elle sourit à vos immolations, elle encourage vos sacrifices et, l'heure venue, elle couronne votre fidélité. A vous encore, en vous appelant à Lourdes, elle a dit, comme à votre séraphique Mère : « Je serai présente aux louanges que vous chanterez en l'honneur de mon Fils, et je les lui offrirai. »

Oui, mes révérendes mères, et à un double titre, vous avez choisi la meilleure part, et cette part de choix, tous les Carmels du monde vous l'envient.

Pour nous, mes frères, bien que notre vocation soit moins haute et notre parenté avec sainte Thérèse moins proche, mettons à profit, l'Eglise nous y invite, les trésors de sa doctrine et les exemples de sa vie (1). Imitons-la puisqu'ellemême a si admirablement imité Jésus-Christ. Accomplissons dans leur perfection nos devoirs de chaque jour, nous rappelant le précepte du

(1) Collecte de la messe de Sainte-Thérèse.

Maître : « Soyez parfaits comme votre Père céleste est parfait (1). » Acceptons comme une grâce du Dieu très bon les joies de la piété et les douceurs de la manne, mais sans fuir la verge et ses consolantes rigueurs (2). Pratiquons enfin le zèle des âmes et, selon le vœu du Cœur de Jésus, soyons tous apôtres par la prière, par la parole, par l'exemple et par le désir.

Nous sommes les fils des saints (3), nous sommes les frères et les disciples de Jésus-Christ : méditons ses enseignements, pénétrons-nous de ses exemples et efforçons-nous de lui ressembler, car *noblesse oblige*, et Dieu n'admet au banquet de l'éternelle adoption que les âmes formées à l'image de son Fils : *Quos præscivit, et prædestinavit conformes fieri imaginis Filii.* AMEN.

(1) Matth., v, 48.

(2) *Virga tua et baculus tuus ipsa me consolata sunt.* Psal., XXII, 4.

(3) Tob., VIII, 5.

Tarbes. — Imp. Clément Larrieu, 41, rue des Grands-Fossés.

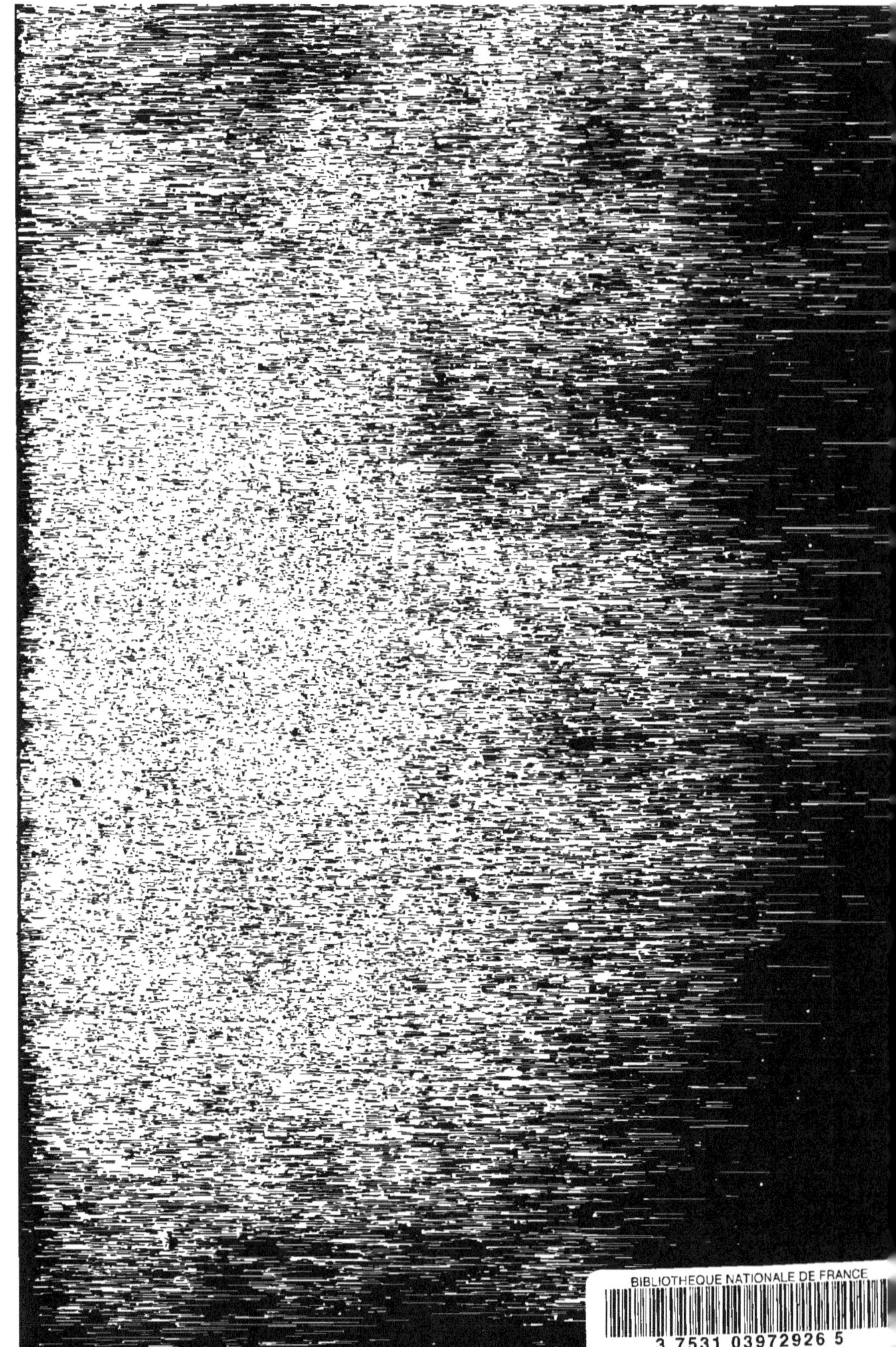

www.ingramcontent.com/pod-product-compliance
Lightning Source LLC
LaVergne TN
LVHW020249230826
846091LV00006B/2313
9782013272346